A Independência do Brasil

Iara Lis C. Souza

A Independência do Brasil

ZAHAR

Capa
Carol Sá
Sérgio Campante

Ilustração da capa
A Proclamação da Independência, óleo sobre tela de François Moreaux. Acervo do Museu Imperial

Vinheta da coleção
ilustração de Debret

Composição
TopTextos Edições Gráficas Ltda.

Impressão sob demanda
UmLivro

Papel
Offset, Suzano S.A.

CIP-Brasil. Catalogação na fonte
Sindicato Nacional dos Editores de Livros, RJ

S715i Souza, Iara Lis Carvalho
A Independência do Brasil / Iara Lis C. Souza. — 1ª ed. — Rio de Janeiro: Zahar, 2000.
il. — (Descobrindo o Brasil)

Inclui bibliografia
ISBN 978-85-7110-532-4

1. Brasil — História — Independência, 1822. I. Título. II. Série.

99-1619
CDD: 981.03
CDU: 981"1822"

[2020]

EDITORA SCHWARCZ S.A.
Praça Floriano, 19, sala 3001 — Cinelândia
20031-050 — Rio de Janeiro — RJ
Telefone: (21) 3993-7510
www.companhiadasletras.com.br
www.blogdacompanhia.com.br
facebook.com/editorazahar
instagram.com/editorazahar
twitter.com/editorazahar

FSC
www.fsc.org
MISTO
Papel produzido a partir de fontes responsáveis
FSC® C128038

A marca FSC® é a garantia de que a madeira utilizada na fabricação do papel deste livro provém de florestas que foram gerenciadas de maneira ambientalmente correta, socialmente justa e economicamente viável, além de outras fontes de origem controlada.

Sumário

Créditos das ilustrações

1. Partida da Família Real para o Brasil. Gravura de Luís António Xavier, 1807.

2. Aclamação de D. João VI. Desenho de Debret.

3. Saudação da Constituição. Desenho de A.M. Fonseca e gravura de C. Fontes, 1821.

4. Volta de D. João VI para Lisboa. Gravura de C. Fontes, 1821.

5. Cortejo militar. Ilustração de Richard Bate, início do séc.XIX.

6. D. João VI e D. Pedro I. Desenho de Debret.

Introdução

O tema da Independência molda o mito de origem do Brasil. Evoca heróis nacionais ao reverenciar a habilidade política de José Bonifácio e exaltar o caráter varonil de D. Pedro. Rememora incessantemente o fato histórico que causa, inaugura e irradia a nacionalidade: o Grito do Ipiranga.

O 7 de Setembro é comemorado com parada militar, desfile escolar, visitas ao Museu do Ipiranga, viagem e piquenique familiar, encenações teatrais, reprises de filmes como *Independência ou morte*, de Carlos Coimbra, ou *Carlota Joaquina*, de Carla Camurati. De vários modos, este tema permeia o cotidiano, sem perder sua aura mítica. Pelo contrário, ao entranhar-se no cotidiano, adensa sua dimensão mítica, revolvendo-a e expandindo-a.

A representação mais consagrada e difundida da Independência surge no quadro *Independência ou Morte*, de Pedro Américo. Apresentado pela primeira vez em 1888, ele se transformou na versão oficial do gesto que funda o país. D. Pedro, de espada em punho, proclama a Independência, dando o grito que reverbera em todo o império. De acordo com este quadro, o brasileiro passa ao largo da ação, pois negligentemente contorna a colina do Ipiranga com seu carro de boi, sem perceber a magnitude do evento.

Essa versão oficial e militarizada da Independência mais que atendeu aos interesses da jovem República de 1889: ela combina com a imagem oficial de Deodoro brandindo um chapéu do alto de um cavalo branco e declarando o fim da monarquia e o início da República. Ambas as representações nos mostram que a mudança histórica se dá através de heróis e fatos grandiosos.

Para essa imagem convergem ainda as anedotas sobre a família real brasileira: o comilão D. João, tão desinteressado dos assuntos de Estado; a fogosa Carlota Joaquina; o irresponsável e namorador Pedro I; o envelhecido e fragilizado Pedro II. Estas caracterizações ridicularizam o governante e, paralelamente, transmitem uma idéia de povo tolo, instaurando uma espécie de coerência medíocre entre o povo e o mandatário político.

Ao se citar e retomar essas versões da Independência, silencia-se sobre várias questões candentes do início do século XIX, sobretudo entre 1820 e 1824. Não se explica a força da figura real ou o modo pelo qual as vilas pelo Brasil afora aderiram à Independência; tampouco se fala das movimentações nas praças públicas ou dos diversos significados da emancipação.

Não se trata de tentar negar ou ignorar essas representações da Independência; elas modelam o tema e são eficazes ao propagandeá-lo. Todavia, pode-se questionar como se deu essa autonomização do Brasil, desligando-se definitivamente de Portugal e constituindo-se num corpo político autônomo.

Encontra-se, no início da década de 1820, uma profusão de informações desencontradas, manifestos políticos, atos individuais, sentimentos, ações coletivas, gritos de concordância, espadas desembainhadas, sangue correndo, clamores. Tais fatos e atitudes não são palavras ao vento e não podem ser minimizados, pois, refundidos, vão delineando um ser coletivo — o Brasil — que consegue abarcar a todos, falar como se fosse de todos e almeja, em última instância, representar e coadunar a todos.

A força dessas questões pulsa na década de 1820, vincada pela mudança. Colocava-se em pauta: como fundar uma nova sociedade? De que maneira estabelecer um corpo político autônomo e com quais regras viver em coletividade? Precisava-se, igualmente, solucionar outro problema: que figura política teria a fortuna de angariar a adesão de mais pessoas e, em si, significar este território e sua gente? Nesse sentido, algumas dinâmicas político-sociais desempenharam papel-chave e acabaram concorrendo, no conjunto, para esgarçar as relações entre Brasil e Portugal, existentes desde o século XVI, configurando a instauração do Brasil como um corpo político autônomo. É preciso indicá-las: o projeto de um poderoso império luso-brasileiro idealizado desde fins do século XVIII por um conjunto de homens de saber que atuavam no âmbito do Estado metropolitano; o desejo de muitos senhores e negociantes luso-brasileiros de adquirir, na esfera política e pública, a mesma importância conquistada na geração da riqueza; os debates acalorados sobre a implantação de uma Constituição para o império luso-brasileiro enfocando as formas de viver em sociedade e a elaboração do contrato social; a atuação das câmaras brasileiras; e a implantação de uma liturgia do poder centrada na figura do imperador.

Vale dizer que boa parte da população mostrou-se sensível a essas questões. Escravos pegaram em armas; homens livres pobres e soldados das tropas deram vivas a D. Pedro. Muita gente viu na

Independência a chance de melhorar sua vida, indagando pelos direitos que os debates suscitavam. Portugueses interessados em manter negócios com o Brasil — aqui arraigados, com família ou sem muitas opções no além-mar — foram a favor da Independência e declararam sua fidelidade ao país. Outros voltaram a Portugal por razões díspares, recusando-se a se tornar brasileiros. Em contrapartida, brasileiros simpáticos à manutenção dos elos entre Brasil e Portugal para lá migraram. E muitos outros se felicitaram porque viviam um novo tempo — o tempo da instauração de uma nova sociedade.

Vasto e poderoso império

O processo de autonomização do Brasil não se restringe ou esgota em 1822. A desagregação do mundo colonial se estende pelo início do século XIX com a reformulação do papel das câmaras, a criação da Guarda Nacional e o fim das tropas e milícias, além de tentativas de várias províncias de proclamar a República e se tornar independentes do próprio Brasil. Tampouco se inicia com a abertura dos portos ou a vinda da família real, como reza uma antiga história. É importante notar que, desde fins do século XVIII, a condição do Brasil dentro do império português foi, paulatinamente, alterada. Repensaram-se o papel e a concepção de colônia, reviu-se o estatuto colonial e projetou-se mesmo uma transformação desse império transoceânico, centrado em Portugal, que se estendia da Ásia à América Portuguesa, sem falar das possessões na África. A partir daí o projeto de um "vasto e poderoso império" ganhou envergadura e se tornou uma eficiente política de Estado com D. Rodrigo de Souza Coutinho à frente do governo português (1796-1803 e 1807-12).

Desde o início das conquistas portuguesas, usava-se o termo *império* para nomear as extensas e fragmentadas possessões de Portugal. Sua unidade residia no comércio transoceânico, no governo por meio das armas, do fisco, da força simbólica do rei e da cristianização. Contava também com a transplantação de uma série de instituições do Reino para o além-mar: câmara, casa da misericórdia, irmandades, tropas, pelourinho, patíbulo, o próprio traçado das vilas etc. Atuando em conjunto e consonância, esses elementos engendravam um certo sentimento de pertencimento ao império português.

O projeto do vasto e poderoso império despontava no governo do marquês de Pombal (1750-

77), respaldado por uma burguesia mercantil portuguesa sediada em Lisboa e composta por um rol de famílias importantes que foram se imiscuindo nos cargos públicos, angariando prestígio e espaço de atuação política. Na versão pombalina, o império significava uma unidade política e mercantil simbolizada pela monarquia, sintetizada e amarrada na figura do rei.

D. Rodrigo de Souza Coutinho — herdeiro político e intelectual de Pombal, diplomata viajado, amigo e correspondente do ilustrado abade Raynal — capitaneou este projeto de fins do século XVIII. Nessa direção, impulsionou o *reformismo ilustrado*, iniciado com a reforma da Universidade de Coimbra e com a fundação da Academia Real de Ciências de Lisboa. D. Rodrigo fomentou uma série de instituições de saber capazes de formar letrados e se valer do trabalho destes: Casa Literária do Arco do Cego, em Lisboa; Seminário de Olinda; Academia de Guardas-Marinhas e Observatório Astronômico, no Rio de Janeiro; Escola Médico-Cirurgiã, na Bahia e no Rio; Curso de Estudos Matemáticos, em Pernambuco; Curso de Economia Política e Imprensa Régia, no Rio de Janeiro. No espírito da Academia, essas instituições promoviam o progresso científico sem alterar a estrutura de poder e a ordem social.

Tal projeto de crescimento e expansão do império recuperava uma proposta política do padre Vieira apresentada por ocasião da restauração portuguesa (1640). Interpretando a Bíblia, Vieira defendia que os desígnios divinos teriam escolhido Portugal para a fundação do V Império, sucedendo assim ao Egito, Assíria, Pérsia e Roma. Retomava-se, em fins do século XVIII, esse projeto de forte conteúdo simbólico, permeado agora por um saber ilustrado confiante no poder das reformas. Para tanto, D. Rodrigo contou com a participação da chamada geração de 1790, que se engajou no projeto.

A boa carreira de um estadista e burocrata, no mundo português, começava em Coimbra, passava, muitas vezes, pela Academia (onde de bom grado atuaria na sua gestão) e, a serviço do Estado, trabalharia em várias partes do império, galgando cargos e tentando alcançar a esfera de decisão situada na Corte. Para as famílias da elite colonial, ter um filho em Coimbra ou atuando no Estado era sinal de prestígio intelectual, social e político, pois reforçava a sua importância na localidade e rendia dividendos em termos de relações políticas e sociais.

Do rol dos letrados que passaram pela Academia, atuaram na administração metropolitana e simpatizaram com o programa de reformas, destacam-se a família Andrada e Silva, os irmãos José e Balthazar da Silva Lisboa, Manuel Arruda da Câmara, Manuel Ferreira da Câmara Bittencourt de Sá, Azeredo Coutinho, José Vieira Couto, Manuel Jacinto Nogueira da Gama, Hipólito da Costa e Fernandes Pinheiro. Sem necessariamente concordarem sobre as reformas a serem implementadas ou sobre a maneira de fazê-lo, engajaram-se num programa de reforma ilustrada do império, tentando reorganizá-lo, tornando-o mais produtivo, abrindo novas frentes na produção agrícola e repensando sua estrutura política. Estes homens tinham um forte senso prático para lidar com a política e as mudanças realizadas pelo Estado, sempre guiadas pelo saber. Por outro lado, cultivavam uma rígida educação de si, um controle dos instintos e das emoções, prezando o elogio da modéstia. Admiravam a *república das letras*, e muitos se envolveram com a maçonaria, as sociedades secretas, as polêmicas intelectuais, buscando defender uma noção de *bem-comum* propiciada pelo Estado, que levaria a sociedade à *felicidade geral*.

Essa geração de 1790 destacou-se no processo de autonomização do Brasil ao defender o projeto do império luso-brasileiro. Para ela, o final do século XVIII lembrava uma situação de crise diante da decadência do reino, da ameaça concreta de invasão estrangeira, fracionamento do império e uma possível derrota do rei. Essa reestruturação política articulava-se com uma valorização do Brasil, considerado uma solução para as dificuldades econômicas lusas. Portanto, alterava-se a relação entre Brasil e Portugal, a qual a partir de então se pautaria por um *sistema federativo*, segundo D. Rodrigo.

Convém acrescentar que, dentro do Brasil, surgiu uma camada letrada que não obrigatoriamente freqüentara Coimbra ou a Academia de Ciências: assistira às Aulas Régias, educara-se nos colégios ou com os padres, e também participara da fundação do Brasil enquanto corpo político autônomo. Aí se encontram pessoas como: cônego Januário da Cunha Barbosa, padre Diogo Antônio Feijó, Cipriano Barata, João Lisboa Soares, frei Caneca, Luís Gonçalves dos Santos.

Muitos desses leitores do abade Raynal concordavam que, se Portugal cedesse espaço de atuação para os colonos — *irmãos* de além-mar —, não haveria motivos para a Independência tal como ocorrera na América Inglesa; ao contrário, a introdução de certos direitos e o incremento econômico ensejavam um grande império. Seria moroso e imprudente tentar reconstituir, aqui, as diferenças entre esses homens. Mas vale indicar que o abade Raynal, em sua *Histoire philosophique et politique des établissements et du commerce des europeéns dans les deux Indes*, propunha a abertura dos portos, rejeitava a maciça presença inglesa na economia portuguesa e repudiava a administração lusa por exaurir os recursos da colônia.

O abade Raynal (1713-96) foi um êxito editorial do século XVIII. Entre 1770 e 1787, seus livros tiveram dezenas de edições, sendo lidos por espanhóis, escoceses, franceses, ingleses e colonos das Américas. Em *A revolução na América*, ele enfocava a Independência americana, num libelo contra a tirania fiscal, administrativa e política. À vontade, (re)citava textos de Rousseau, Diderot, Helvétius. Freqüentava os salões franceses, acreditava no poder das reformas e na capacidade do letrado de intervir em sua sociedade. Tanto em sua postura quanto em seus textos, angariava simpatias dos leitores e a perseguição do Estado, mas celebrizou-se na reflexão sobre a relação entre a metrópole e a colônia, em várias partes do mundo, estando presente em muitas livrarias da América Portuguesa. Ou seja, criticava abertamente o sistema colonial português e defendia mudanças econômicas e políticas. Tais questões norteavam a visão dessa geração luso-brasileira e a sensibilizava quanto à rediscussão da posição do Brasil dentro do Império português. Nessa toada, José Bonifácio e José da Silva Lisboa condenavam os efeitos maléficos do exclusivismo colonial.

Esses homens de formação letrada ocuparam, aos poucos, os cargos da administração portuguesa e desempenharam o papel do estadista entre 1810-20. Aliás, um traço dessa geração reside no apreço pelo Estado, enquanto instância capaz de gestar e implementar a mudança por meio de uma série de reformas, evitando a todo custo a revolução. Temia-se a mudança que fugisse às rédeas do Estado. Dentro dele, essa camada ajudou a consolidar o projeto do vasto e poderoso império. Além do mais, ao participar do movimento de autonomização do Brasil, recuperou o termo *império* para um governo instalado no Novo Mundo, marcando a montagem do estado monárquico no Brasil. Nesse sentido, forjou-se aqui uma compreensão generalizada de que o intelectual, bacharel, letrado, está mais apto a exercer o governo, decidir pela população e reformar a sociedade, confinando a mudança ao Estado e barrando outros desejos e reivindicações sociais e políticas.

No início do século XIX, via-se o Brasil como uma colônia emancipada e ligada à metrópole. Com sua elevação a *Reino Unido a Portugal e Al-*

garves, acatava-se o princípio de autodeterminação da colônia, no intuito de manter os *laços* ditos de "amizade e afeto natural" entre Brasil e Portugal. A noção de *colônia* evocava cada vez mais um território destinado à exploração econômica metropolitana tolhido em sua participação política; por isso, era relegada ao passado.

Dentro e fora do império

A exigência de repensar os vínculos entre Brasil e Portugal surgia no próprio Brasil graças às insatisfações locais contra o mando metropolitano, declaradamente com as inconfidências mineira, fluminense e baiana, entre 1789 e 1798. Esses movimentos, embora difiram entre si na composição social, nos ideais, nos debates sobre a liberdade, guardam semelhanças na medida em que reclamavam uma autonomia local, questionavam os vínculos com Portugal; na Bahia, falava-se em igualdade social. No conjunto, as inconfidências impunham ao poder metropolitano a necessidade de rever tais relações sob o risco, maior ou menor, de perder parte ou toda a colônia. Esse temor alimentava o projeto de reformas de D. Rodrigo, uma vez que poderia amenizar ou satisfazer as reivindicações vindas da América Portuguesa.

Observe-se ainda a penetração de uma literatura ilustrada nas bibliotecas de Minas, São Paulo, Rio de Janeiro, Pernambuco e Pará, espraiando-se por todo o Brasil com um aumento do número de leitores e modificando o perfil das livrarias. Predominavam os livros devocionais, missais, hagiografias, sermões, orações; todavia apareciam, de modo difuso e crescente, as obras de Raynal, Mably, De Pradt, Voltaire, Rousseau, Montesquieu e outros textos de cunho ilustrado; proliferavam também obras dedicadas ao direito natural. Difundiu-se uma literatura que convidava a refletir acerca das relações Brasil-Portugal, defendendo o direito da localidade de gozar de certa autonomia ou de um governo que atendesse às suas necessidades.

A censura exercida pela Real Mesa Censória permitia, por vezes, a leitura de parte de uma obra e regulava a entrada e saída desses livros. Mesmo as leituras autorizadas das obras ilustradas poderiam concorrer para o aprendizado das elites locais acerca da definição de direito ou economia política enviesada pelo liberalismo, como a leitura da *Riqueza das nações*, de Adam Smith. Aliás, circularam no começo dos século XIX traduções de Adam Smith, Edmund Burke e Mably, feitas por José da Silva Lisboa e José da Natividade Saldanha.

Do ponto de vista da política externa, a diplomacia portuguesa desenvolveu uma conduta de neutralidade frente à França e à Inglaterra, evitando entrar na guerra e no confronto armado. A disputa pela hegemonia política da Europa entre esses dois países implicou uma luta pela supremacia do comércio nos mercados da América à custa da exclusão ou restrição das antigas metrópoles. A expensas de contratos comerciais e manobras políticas, Portugal manteve-se fora da guerra continental e, dentro do império, vigiava atentamente a entrada e difusão das *famigeradas* idéias revolucionárias francesas. Com a invasão napoleônica em 1807, porém, Portugal aliou-se à Inglaterra, ocupou Caiena (na Guiana Francesa) em 1809 e, devido a brigas dinásticas e interesses comerciais, sustentou uma intervenção militar na Província Cisplatina. Sobretudo, transferiu a corte para o Rio de Janeiro.

Permanecer em Portugal significava ser conquistado pelas tropas francesas comandadas por Junot e, necessariamente, perder o Brasil para a França. A transferência da corte para o Rio permitia manter a esperança de reaver o Reino, sem o risco de fraturar o império. Sob essa lógica, salvar o Brasil transformou-se na salvação do império; relegado a segundo plano, Portugal entrou em franca decadência. A opção pela transferência da corte impediu a acefalia do império, pois o rei continuava a ser a fonte do poder, evitando-se, assim, a desintegração do império transoceânico. Por outro lado, interpôs a necessidade de Portugal relacionar-se com um novo centro de poder — o Rio de Janeiro —, levando enfim às reivindicações do "Vintismo", como veremos adiante.

Diversos jornais europeus elogiaram D. João por sua esperteza ao deixar Portugal para Napoleão, sem ferir ou perder sua dignidade. O invasor ganhava o Reino, mas o rei ficava poupado ao transferir sua corte. O letrado Hipólito da Costa, que editava o jornal *Correio Braziliense* em Londres, elogiou o "golpe de mestre" de D. João ao colocar Napoleão numa situação vexatória. Na lógica de uma sociedade de corte, salvaguardar a figura do rei, manter sua grandeza e honra, não manchar sua autoridade, era tarefa capital e da maior importância. Enfim, a transferência da corte garantia a majestade da realeza.

Riqueza e participação política

Os negociantes fluminenses e do eixo Sul-Sudeste-Centro do Brasil vislumbraram, na instalação da corte, um modo de conciliar sua crescente grandeza econômica com maior participação política. Desenvolveram estratégias de aproximação com a realeza, financiando obras públicas, praticando filantropia. Comportavam-se como homens de corte, refinando suas vestes, gestos, residências, exercendo um autocontrole condizente com a fidalguia. Em contrapartida, e de acordo com uma economia moral da corte, D. João retribuía tantas atenções e gastos com privilégios, mercês, terras, direitos de exploração de determinados serviços, isenções, títulos e sedução com a própria presença. Era moeda corrente e legítima a troca de favores, amalgamando os elos entre o soberano e o súdito.

Desde meados do século XVIII, o Rio de Janeiro construía sua hegemonia econômica com base no tráfico negreiro, na exploração do comércio de cabotagem, na navegação, na abertura de vias de comunicação no Centro-Sul do país. Entre 1769 e 1790, o número de engenhos no Rio saltou de 90 para 616. Também na região de Itu, Campinas, Sorocaba e Porto Feliz, houve uma expansão da produção açucareira, tal como na Bahia e em Pernambuco.

Essa rede de negócios encabeçada pelo Rio integrava Atlântico sul, África e parte do Brasil, além dos elos familiares e com agentes comerciais portugueses. Os negociantes fluminenses atuavam na região de livre comércio do rio da Prata e mantinham relações diretas com a África, sendo atacadistas do comércio de escravos, com navios construídos em estaleiros próprios. Eram responsáveis pela distribuição dos escravos na região centro-sul e exportavam tabaco, mantimentos, aguardente e açúcar. Ao fazer um balanço de sua administração no Rio de Janeiro entre 1769-79, o marquês do Lavradio assinalava a ascensão das famílias Bráz Carneiro Leão, Manuel da Costa Cardoso e José Caetano Alves, admirados no meio mercantil e pelo marquês graças à agilidade em exibir uma mercadoria, obtê-la, revendê-la, e por possuírem fazendas, seguradoras e domínio da navegação.

Já o comércio feito pelos tropeiros e outros negociantes ligava Minas Gerais, São Paulo, Rio de Janeiro e o sul do país. Atendiam três áreas de abastecimento — Lisboa, Porto e a região do Prata — com sal, azeite e carne salgada; internamente e via cabotagem, atravessavam Santa Catarina, Rio Grande do Sul e arredores do Rio de Janeiro, revendendo couro, trigo, arroz, milho e hortaliças. Passavam ainda, por rotas terrestres; por São Paulo, Mato Grosso, Goiás e Minas, onde comerciavam gado, queijos e cereais. A rede envolvia feiras, fazendas no sertão, firmas de tropas, casas comerciais, pousadas e cabotagem, estendendo-se pelo

Centro-Sul. Esses negociantes prestaram um serviço à coroa ao financiar a abertura de vias de comunicação nessa região — e, em troca, receberam léguas de terras.

Isto não significou o isolamento ou a decadência da Bahia, Pernambuco e Pará, então importantes capitanias; comerciavam com a África e Portugal diretamente ou, em menor escala, via agentes comerciais. Afirmava-se, porém, a hegemonia econômica do Rio de Janeiro, o que lhe conferia um lugar único no Império.

Registre-se a ordenação de um mercado liderado por uma elite de famílias luso-brasileiras, centrada no Rio de Janeiro, gerando riqueza e promovendo seu fluxo contínuo. Essa elite alargava e consolidava seus interesses com casamentos, vínculos comerciais, de parentesco e compadrio, irradiando-se, assim, pelo Centro-Sul do país.

Nessa forma de produção da riqueza, houve uma redefinição do acesso à terra. Foreiros e arrendatários cultivavam a terra para a subsistência, abastecimento local ou dedicavam-se à lavoura da cana na região fluminense; porém, suas terras, cuja propriedade não era certa, sofreram um processo de mercantilização e lhes foram cobradas, invadidas, retiradas. Logo se viram na contingência de estabelecer vínculos pessoais, de parentesco, favores, compadrio e de fidelidade com o mando senhorial da região, a fim de garantir a propriedade. Essa dinâmica de forte cunho econômico, que envolve uma série de demandas políticas, rixas entre vizinhos e medo de perder a terra, intensifica-se nesse início do século XIX, perpassando a Independência.

Ao se transformar em sede do governo e da administração, o Rio de Janeiro ganha estatuto de corte com a vinda de todo o aparato burocrático, tornando-se centro de decisão política e burocrática e, acima de tudo, sede do poder monárquico, com a sorte de desfrutar da presença real. Transferiu-se para cá o cerne da burocracia, o que acabou estreitando os vínculos entre a burocracia das capitanias do Brasil e a cidade do Rio, consolidando sua hegemonia interna.

Ocorreram uma mudança na população no Rio de Janeiro e uma redefinição da conduta de sua elite. Em primeiro lugar, a população diversificou-se com a presença de negociantes ingleses e estrangeiros, funcionários graduados na burocracia, aristocracia e comerciantes lusos, oficiais, diplomatas, negociantes de terras, fazendeiros, proprietários de terras escravos e donos de áreas urbanas, sendo que um mesmo homem podia assumir diversas atividades na burocracia ou no serviço do Estado ao mesmo tempo ou ao longo de sua vida. A elite local, com escravaria, lavouras em grande escala, casas de comércio, construções navais e seguradoras, estava disposta a ocupar a cena pública e viu na presença do monarca, e na conseqüente instalação de um amplo e poderoso aparelho burocrático e jurídico, uma maneira de efetivar seus anseios. Descobriu na corte uma forma de sociabilidade que respondia à sua vontade de conciliar sua força econômica com atuação política — mesmo convivendo cotidiana e tensamente com marinheiros, escravos de ganhos, escravos, libertos, fugidos, desertores, ciganos e pobres livres, sobre os quais sua riqueza se alicerçava.

A transferência da corte instaurou uma nova interdependência — regida por uma série de mesuras, palavras e etiquetas próprias a uma corte — entre o rei, os nobres emigrados e essa elite fluminense, cadenciando essas relações. Insistentemente, os viajantes europeus comentavam as mudanças nas relações sociais no Rio de Janeiro, com a sofisticação das vestimentas, das louças, da prataria, dos modos de pentear-se, maquiar-se, dançar, acenar o lenço, reverenciar o rei. Essa gestualidade, a boa conversa e as atitudes moderadas deveriam ser coerentes com o ambiente da corte, cordiais e cordatas, servindo para ganhar a simpatia real e o apreço de todos.

A corte constituía um microcosmo centrado na figura do rei. Dele nascia o poder, que era irradiado pela sociedade. Buscava-se estabelecer um comportamento condizente com a esfera pública e doméstica, sempre prezando a autoridade real; havia uma noção transitiva de que o bom rei seria, necessariamente, um bom pai, embora não agisse do mesmo modo nessas esferas. Elas eram correlatas e coerentes, de modo que o governo da casa correspondia ao governo dos homens — a política. Para tanto, o senhor e o próprio rei deviam aprender a administrar os homens e os bens sob seu mando, procurando sempre ser magnânimos e justos, e invariavelmente severos com as desobediências. Seguia-se o modelo do bom pai que pune quando preciso e afaga o filho na hora certa.

Dentro dessa noção transitiva de poder, o governo abarcava o controle de si, da moral subjetiva de cada um, que estava obrigatoriamente de acordo com o comando da política e da casa. Havia uma necessária continuidade entre eles. Nesse sentido, as práticas e os envolvimentos pessoais não se encontravam fora do governo; antes dele participavam. Entre tal sociabilidade e o governo havia uma coerência em que, em última instância, os elementos se reforçavam mutuamente, com racionalidades similares, cuja principal finalidade era a obediência de muitos e a perpetuação da ordem. Nessa lógica social, o rei não se desvinculava da corte, sob pena de implodir a sua autoridade; a interdependência entre eles se retroalimentava das etiquetas e mesuras, pois, numa sociedade hierarquizada, a moda correta e vigente, os adereços, roupas, cores, vivas e acenos substanciam o poder político, explicitando as aprovações e as divergências.

O Rio de Janeiro recebeu um enorme contingente de negros, apesar das pressões inglesas. Homens jovens, em geral do centro-oeste da África, abasteciam o tráfico de escravos. Como tais, exerciam muitas tarefas nas casas e fazendas (em trabalhos qualificados ou não), serviam de aluguel, circulavam pela cidade, tavernas, boticas, praças, chafarizes, igrejas, alfândegas, mercados, porto. Estavam sujeitos a castigos públicos e domésticos, à prisão e à violência diária que a própria relação senhor-escravo embute. Vale notar a plasticidade e flexibilidade das camadas pobres, escravas e negras e mulatas, funcionando numa hierarquia vertical — com feitores, senhores, agregados, autoridades locais — e horizontal, que enredavam uma contínua recomposição de elos de solidariedade e lealdade, amizade e disputa. Isso é perceptível no caso das tropas, onde conviviam soldados — negros livres, mulatos, libertos, pobres livres, escravos — e os comandantes — brancos, por vezes mulatos e até negros, senhores, professores, boticários, negociantes.

A importância do Brasil chegou a tal ponto que os próprios governadores do Reino, depois da expulsão dos franceses e respondendo pelo governo, reclamavam e alertavam D. João para uma completa inversão dos papéis, na qual se perdia o ideal de uma relação entre Brasil e Portugal pautada pela reciprocidade ou pelo sistema federativo. Portugal se via em estado de decadência, devido à orfandade frente ao rei, à negligência dos grupos dirigentes, ao fim do exclusivo metropolitano e à desorganização da economia resultante da guerra. Dizia-se que se tornara *colônia do Brasil.*

O rei em xeque

As insatisfações, todavia, despontaram violentamente, tanto no Brasil quanto em Portugal. O ano de 1817 é central no processo de autonomização do Brasil, pois foi quando as discordâncias com o governo joanino emergiram de forma implacável.

Em Portugal, um grupo de militares, inclusive heróis da guerra napoleônica, planejou depor os governadores nomeados pelo rei, instalar uma nova dinastia e discutir os vínculos com o Brasil, não descartando a separação. No mesmo ano, um levante em Pernambuco, na Paraíba e no Rio Grande do Norte, encabeçado por fazendeiros, negociantes e letrados, com adesão de tropas, declarou a Independência e instaurou a República. A reação do governo foi incontinenti: com o exército bem armado, D. João derrotou Pernambuco insurgente, decretou prisões, pena de morte e ressarcimentos financeiros, obrigando a população a honrar com festa e voto de obediência o novo governador nomeado. Em Portugal, antes da revolta militar eclodir, o grupo foi descoberto e preso; onze foram sentenciados à morte por enforcamento e muitos, presos. Salta aos olhos, nestes casos, além da pronta resposta do governo joanino, os levantes terem sido organizados pelas tropas e serem nelas baseados. Esses movimentos revelam a insatisfação da localidade e do súdito com o poder central a ponto de romperem com o rei.

Em 1820, a partir de uma reunião de juízes, bacharéis, comerciantes e comandantes militares da cidade portuguesa do Porto, nasceu e espraiou-se uma *revolução liberal* conhecida como *Vintismo*.

O nome já revela a vontade de intervir decisivamente no tempo presente e incrementar a mudança política. Retomava-se o mito de fundação da monarquia portuguesa ao mencionar que o primeiro rei, D. Afonso Henriques, ao ser escolhido por Deus, governara sob o conselho das Cortes de Lamego. O Vintismo legitimava-se ao revestir-se com as cores do passado, embora se baseasse no liberalismo constitucional. Dessa forma, as Cortes convocadas pela revolução eram consideradas uma representação legítima, calcada na tradição, que podia, inclusive, chamar o rei à razão. Seu projeto político reverberou em todo o império, mais uma vez colocando Portugal no centro das decisões. Propôs-se a elaboração de uma Constituição por parte de uma Assembléia Constituinte, que definiria o corpo de leis encarregado de reger a sociedade. Assim, redimensionava-se o poder real, o qual, antes, não partilhava com ninguém sua autoridade.

Vale indicar, rapidamente, como se deram o levante de 1817 — que eclodiu em Pernambuco e foi frustrado em Portugal — e a movimentação do Vintismo no Porto, sua expansão por Portugal e as adesões em Belém, Salvador e Rio de Janeiro às Cortes portuguesas. Todos foram organizados por homens que tinham patentes no exército; contavam com a adesão das tropas, por temor, sistema de favores, carisma, relações interpessoais, hábito. Havia, enfim, um elo entre o comandante e o soldado, o que moldava a coerção. Contava também a amizade dentro da própria tropa, onde um soldado poderia incitar o outro, convencê-lo, animá-lo. Em contrapartida, as tropas reclamavam dos soldos atrasados, dos uniformes rotos, castigos, mandos e desmandos dos oficiais — os quais, por sua vez criticavam a deserção, o desleixo no cumprimento das ordens, os motins. Flagrava-se, assim, um conflituoso cotidiano para obter a obediência.

Recorrer à tropa trazia vantagens à liderança. Não só o corpo de cada soldado funcionava contra a reação, violenta ou não, desencadeada, como, em conjunto, a tropa corporificava a adesão da sociedade, sua simpatia e vontade. Ganhava-se pela força física e por uma impressão de que toda aquela gente apoiava esse procedimento e essa situação. Já dentro da tropa, vigorava uma relação hierarquizada, ditada pela disciplina rigorosa e por castigos e penas corporais, que forçava à coesão.

Os líderes desses movimentos de 1817 e 1820-26 repetidas vezes reconheciam a importância do uso das tropas, pois com isso tomariam a cidade, concentrando-se na praça e instaurando um novo governo. Mas, acima de tudo, frisavam que por meio das tropas era possível conter e controlar o ritmo do movimento político e social, evitando que descambasse para uma revolução, perdendo-se na violência e na anarquia. Recorrer à tropa era um modo de organizar a presença popular, além de refrear seus desejos e anseios.

Embora visasse controlar as camadas populares, esse procedimento não era suficiente. Durante o processo de autonomização do Brasil, negros, escravos, libertos quilombolas, índios, desertores, pobres livres e mulatos amotinaram-se em vários locais: Recife, Olinda, Goiana, Salvador, Recôncavo Baiano, na região de Cametá, Igarapé-de-Una, Bragança, Monforte, Turu-Assú, Ilha do Mosqueiro, das Onças, de Marajó, rio Anajás, Guamá, Capim, Trombetas, Curuá (entre o Pará e o Maranhão), Estância, Brejo Grande, Laranjeiras, Santo Amaro (em Sergipe). Ameaçaram e dominaram vilas, esconderam-se na mata, debandaram, lutaram buscando (re)significar suas vidas. Foram perseguidos e presos, sofreram castigos corporais ou foram mortos pelas tropas e seus comandantes. Por outro lado, chegaram mesmo a negociar com as autoridades a distribuição de alimentos, sua prisão e punição.

Tais motins cadenciavam a transformação política, traziam para as discussões do cotidiano os debates constitucionais, abriam brechas para a participação política e explicitavam para os senhores, comandantes e negociantes a necessidade de contar com as tropas e converter essa gente amotinada — alcunhada de "turbulenta", acusada de comoção popular — em um *povo em armas*. O governador de armas da Bahia, Madeira de Mello, falava, em abril de 1822, desse medo branco, senhorial e das autoridades:

> ... em breve se verá separar-se este Reino da Mãe Pátria; e chocarem-se os diversos elementos de sua população, repetindo-se talvez as funestas cenas da Ilha de São Domingos — Os negros, tanto fora como na cidade, têm dado demonstrações de quererem levantar-se.

Recorria-se à tropa para ritmar e corporificar uma revolta. Essa prática datava do período colonial, emergindo em revoltas fiscais, rinhas locais, brigas entre senhores, de uma mesma região ou não; vinha ditada pelos anos, despontava na memória local e, de certa maneira, ensinava a empreender a revolta. Ao longo da década de 1810-20, esse uso da tropa funcionava como uma teoria sobre como levar adiante uma mudança sem cair na revolução, considerando o impacto e o temor das Revoluções Francesa e do Haiti.

Havia um entendimento comum entre os senhores, comandantes, negociantes de grande porte, burocratas, estadistas, letrados e padres sobre o desenrolar da rebelião; ela precisava da atuação das forças vindas do povo, desde que na configuração de *tropa*, pois, sem esta, a mudança não ocorreria. Entretanto, não poderia ir além, permitindo que o motim seguisse seu curso. Precisava-se regular o ritmo e a intensidade das mudanças por meio da atuação do comandante-líder, que refrearia o movimento, reteria seus desdobramentos e apaziguaria a praça pública.

Ocorrendo em praça pública, com as tropas reunidas, com o estandarte da câmara aberto e palavras de ordem, esses movimentos que pediam a mudança — como as revoltas de 1817, o Vintismo, a adesão às Cortes no Brasil e, depois, a D. Pedro entre 1822 e 1826 — angariavam legitimidade para o Estado, pois respaldavam-se no *povo em armas*. Nessa medida, a soberania investida em D. Pedro trazia uma concepção de ordem social que procurava barrar a revolta popular, arrefecer ou minimizar as camadas populares e subalternas.

Do contrato social

O Vintismo levantou um debate sobre o contrato social que funda a coletividade e as normas que a organizam. Propunha a adoção de um governo monárquico representativo através do qual os grupos mercantis e a aristocracia agrária portuguesa pudessem alterar as bases do império atlântico, reabilitando sua força política e econômica, *regenerando* Portugal. As Cortes estabeleceram a partição dos poderes entre legislativo, executivo e judiciário, regulamentaram as eleições e instalaram a soberania nacional cristalizada na monarquia e na Assembléia nacional. Falavam em nome da *nação portuguesa* e promoveram um amplo debate sobre a situação do império.

A Assembléia Constituinte recebia solicitações vindas de todo o império, que iam desde o caso de uma viúva perguntando pelo soldo do falecido até a vila de Campos dos Goitacazes procurando saber da abolição dos dízimos. Na Bahia, em Pernambuco, Pará e São Paulo, diversos escravos acreditavam no fim da escravidão. Em tese, toda a sociedade estava convocada a falar de seus problemas e quereres. As Cortes se autoproclamavam o lugar legítimo para debater, definir e impulsionar a mudança dentro do império.

Portugal readquiria um papel-chave. Isso não implicou necessariamente o desmonte do aparelho burocrático e político fincado no Rio; pelo contrário, havia uma ambivalência de funções e, a partir de então, o Rio manteve seu interesse como centro de poder. A princípio, entre 1820 e 1822, houve uma espécie de consenso geral acerca da necessidade de se elaborar uma constituição capaz de gerar o progresso e que formatasse a soberania nacional, atendendo à *família luso-brasileira*.

As Cortes suspenderam a censura vigente, motivando uma volumosa publicação de panfletos, jornais e catecismos políticos de vários autores, sobretudo no Rio de Janeiro e em Salvador. A *Gazeta do Rio de Janeiro* e o *Correio Braziliense* reproduziam longos trechos dos debates constituintes, difundindo-os no Brasil. Periódicos como *A Idade de Ouro do Brasil, Semanário Cívico de Salvador, Correio do Rio de Janeiro, Reclamação do Brasil, O Espelho, Regulador Brasileiro, Revérbero Constitucional Fluminense, Conciliador do Reino Unido, A Malagueta* e outros mais posicionavam-se diante dos fatos recentes, buscando esclarecer o leitor acerca dos termos dessa nova cultura política; explicavam os conceitos de deputado, constituição, despotismo, representação, monarquia constitucional etc.

Esses periódicos, panfletos, impressos, catecismos e reclamações desempenharam um papel crucial ao discutir o separatismo, configurando-o no imaginário político e amplificando o debate das Cortes nos dois lados do Atlântico. Por exemplo, o *Revérbero Constitucional Fluminense* repudiou o despotismo metropolitano, enalteceu a revolução liberal e reivindicou uma Constituição para o Brasil. Em abril de 1822, clamou a D. Pedro para que efetivasse a *fundação do Império do Brasil.*

Esses textos com fins patrióticos agiam pedagogicamente entre as elites, educando-as no ideário liberal constitucional. Republicavam e citavam à farta autores como Bentham, Burke, Montesquieu, De Pradt, Raynal, Benjamin Constant e Mably, intensificando sua difusão pela sociedade e montando uma espécie de matriz e acervo desse pensamento político. Encontra-se aí uma gama variada de projetos políticos que conformavam, junto com seus leitores e interpretações, uma primeira opinião pública, laica e política no Brasil.

Essa imprensa — lida em casa, nos botecos, tavernas, boticas, livrarias, tipografias, academias, reuniões de sociedades secretas, lojas maçônicas e câmaras — alimentava também as conversas de esquina e adensava o vocabulário político da época.

Competia com uma forte cultura oral, daí a necessidade das elites de consolidar a palavra escrita, que deveria parecer mais autorizada na orientação da política e dos negócios. Não à toa, boa parte dos redatores pertencia à camada letrada, de burocratas, homens de elite e da igreja, ardorosos defensores de suas posições e que buscavam a simpatia do leitor à sua causa com uma retórica inflamada. Sob pseudônimo ou no anonimato, muitas vezes adotavam um tom de paródia, como nesta *Ave Maria Constitucional*:

> Ave Maria, cheia de graça e sabedoria
> El Rei é contigo, benta és tu entre as Constituições,
> Santo é o fruto do teu ventre
> Santa Constituição, Mãe dos Portugueses
> Vigia por nós agora
> E na hora de nossa morte civil, ou política.
> Amém.

Um texto impresso se opunha a outro, e rivalizavam-se continuamente uns contra os outros, criando um clima de rumores constantes e contraditórios que alarmavam a população local, acelerando a marcha dos acontecimentos. Disputavam a palavra federalistas, absolutistas, republicanos, constitucionalistas, monarquistas, reformistas, corcundas*, portugueses, brasileiros. No conjunto, reconheciam que se vivia um tempo de criação de uma nova ordem política e, em geral, apostavam na liberdade na estrita observância da lei, contra o absolutismo.

Desde o início dos trabalhos constitucionais em Portugal, havia uma tendência a favor do império luso-brasileiro, contanto que se redefinisse a balança dos poderes entre Portugal e Brasil. Ou seja, Portugal não ficaria numa condição subalterna. Numa atitude liberal, os vintistas aguardaram a vinda dos deputados brasileiros para tocar em temas concernentes a esse assunto, receando ferir suscetibilidades e respeitando o direito de representação. Até o início de 1822, o tema da Independência não entusiasmava; pelo contrário, temia-se que se repetisse aqui a guerra civil vivida pela América Espanhola, com a desintegração do território e a proclamação de várias repúblicas.

As deputações da Bahia, São Paulo, Rio de Janeiro e Pernambuco destacaram-se nas Cortes. Reivindicavam a flexibilização das relações entre Brasil e Portugal, exigindo reciprocidade, postu-

---

* Alcunha dada, nessa época, aos partidários dos portugueses, da monarquia absoluta e do Reino Unido.

lando uma autoridade específica para o Brasil — sem necessariamente recair em D. Pedro — com atuação abrangente e certa autonomia diante dos tribunais e burocracia lusos. Contudo, as diferentes propostas foram se colocando nas Cortes, acirrando os ânimos entre interesses brasileiros e portugueses. De um lado, defendia-se a concentração do aparelho de Estado em Lisboa, a volta do príncipe e a obrigatoriedade de o Brasil ser regido pela constituição portuguesa. Consolidou-se uma posição dentro da bancada brasileira a favor de um sistema de leis específico para o Brasil, da divisão proporcional dos impostos e da permanência do príncipe a fim de obedecer o direito dinástico e marcar a autoridade avalizada pelo Brasil. Todavia, havia divergências sobre outros temas, como a autonomia provincial. As bancadas eram marcadas pelo vínculo provincial, por sua origem na localidade, e negociavam a participação de cada uma, embora concordassem, no final das contas, quanto ao risco de uma *recolonização* do Brasil.

As Cortes alteraram o sistema de arrecadação de impostos, que voltavam a ser divididos com Portugal e inspecionados por burocratas portugueses. O burocrata José da Silva Lisboa — íntimo da realeza, próximo aos grandes atacadistas fluminenses e ricos portugueses emigrados, Censor Real,

Desembargador dos Agravos da Casa de Suplicação e Deputado da Junta do Comércio — viu-se, de repente, sem emprego. Enviou às Cortes um pedido para que fosse nomeado chanceler da Relação da Bahia para *sustentar seus filhos*. Outros empregados e funcionários públicos manifestaram seu descontentamento pelo fim de sua fonte de renda, reclamando urgência em sua realocação no seio da burocracia portuguesa. Essa reformulação atingia desde a vida pessoal até a organização social das elites que perdiam seus porta-vozes letrados, amigos e colaboradores; além disso, o Rio deixava de gozar da condição de Corte.

Simultaneamente, as Cortes promoveram uma redefinição na estrutura de poder; extinguiram as capitanias, transformadas em províncias, e cindiram o poder local entre o governador de armas e a junta de governo. Pela primeira vez na história do império português dividia-se o poder executivo e o militar, abolindo a autoridade do capitão-general. As Cortes designavam o comandante militar, responsável pelo serviço militar e segurança pública na localidade; já a junta era eleita na localidade por um intrincado sistema eleitoral.

Essa decisão soou como uma profunda intervenção nos negócios públicos locais. De um lado, enfraqueceu o Rio de Janeiro, pois, em tese, cada província estreitaria o vínculo político e burocrático com as Cortes; por outro, acarretou uma espécie de *abrasileiramento* — ao menos no que tange aos interesses — dessas juntas, que foram se tornando rivais do comando militar. Assim, a tensão opondo brasileiros e portugueses nas Cortes encontrou ressonância e continuidade na localidade. As elites locais defendiam interesses diversos e propunham encaminhamentos díspares, reivindicando, contudo, participação política e a manutenção de uma organização econômica que lhes beneficiasse. Não se pode, aqui, minimizar ou negar as inúmeras rivalidades que opunham tantos brasileiros e portugueses em virtude da disputa pelo mercado de trabalho, por um quinhão de terra, a par das rivalidades étnicas que envolviam brancos, negros, mulatos, índios, gente com condições de liberdade, etnia e nacionalidade tão diversas.

Essa reordenação do poder ditada pelas Cortes investiu a Câmara, na vila, de grande importância, visto que as eleições passavam-se dentro ou a partir dela. Ela funcionou como um lugar de aprendizado político na localidade, espaço de negociação de interesses diversos desde o período colonial. Essa opção pelas câmaras ressituava o debate sobre a autonomia real ou a força relativa da localidade em relação ao poder central, retomando uma tradição colonial de que a câmara funcionava como interlocutor junto ao poder central e com ele negociava; garantia um espaço institucional, tradicionalmente ocupado e liderado pelas elites locais, sem ferir a ordem social. A partir dela, organizava-se uma hierarquia local, designando quem participava ou não da administração nesse nível. Na localidade, essa hierarquia funcionava como uma espécie de continuidade do poder real, atuando na mística de sua figura e aproveitando-se de sua força simbólica. Conseqüentemente, a população local sentia mais a incidência da Câmara nas suas vidas do que o monarca distante.

De seu lado, o Vintismo achava que essas juntas seriam mais legítimas porque eram eleitas na localidade e, estrategicamente, estabeleceriam um diálogo direto com as Cortes, esvaziando a hegemonia do Rio de Janeiro. No Brasil, as juntas organizaram governos provisórios sem necessariamente se submeterem ao Rio, experimentando uma autonomia na forma de governar. Ou seja, a polarização dos debates políticos, das formas de encaminhamento do império e manutenção da sua integridade não se restringiam a Portugal e às bancadas do Sudeste; movimentavam também várias províncias, envolvendo o Pará, Pernambuco e Bahia, em torno dos quais gravitavam Ceará, Piauí,

Sergipe, Alagoas. Uma das astúcias das *províncias coligadas* — Minas, São Paulo, Rio — foi agenciar o desligamento do Norte-Nordeste das Cortes a favor da autoridade de D. Pedro.

O debate acerca do contrato social acontecia em diferentes âmbitos: nas Cortes, câmaras, opinião pública, imprensa, em cada localidade, nas praças públicas, nas tavernas, boticas, reuniões de sociedades secretas, lojas maçônicas, no palácio real; enfim, atravessava o universo social, adensando a experiência política e colocando em questão a criação de uma identidade política coletiva.

Paralelamente, muitas decisões tomadas pelas Cortes que atendiam aos interesses portugueses — recondução do aparelho burocrático para Lisboa, esvaziamento da autoridade de D. Pedro no Rio de Janeiro, recomposição dos impostos, desrespeito à reinvindicação de que o Brasil tivesse uma constituição própria — fraturaram de vez as relações entre Brasil e Portugal. No Brasil, primeiro negou-se a autoridade das Cortes; depois, falou-se em ruptura definitiva com Portugal.

Internamente, as juntas provinciais negociavam seu apoio a D. Pedro. São Paulo exigia respeito à sua autonomia, sem reconhecer ou submeter-se à junta do Rio de Janeiro. O Senado da Câmara do Rio e as câmaras de São Paulo e Minas negociaram, por exemplo, a articulação do Fico com D. Pedro, com uma representação* de 9.000 assinaturas. Em maio de 1822, desobedecendo abertamente às Cortes, o Senado da Câmara do Rio, com uma representação de 6.000 assinaturas, exigiu a convocação de uma Assembléia Constituinte e uma Constituição específicas para o Brasil, sendo o local de funcionamento dessas *Cortes Brazilianas* a sede da soberania brasileira. Encarava-se tal desobediência como um direito político e tinha-se claro que o príncipe não poderia criar leis. Nas Cortes, o deputado português Mourão avaliava:

> ... a Junta de São Paulo desobedece, injuria, e até nega a autoridade das Cortes; a de Minas legisla; a de Pernambuco obedece em umas coisas, e desobedece em outras; a da Bahia faz raciocínios; a do Maranhão hesita, e a Câmara do Rio de Janeiro reclama a Independência.

A ala vintista de Fernandes Thomaz cedeu à autonomização do Brasil, preocupada em ferir o

---

* Documento através do qual os cidadãos exercem seu direito de se dirigir aos poderes públicos para reclamar contra abusos de autoridade e promover a responsabilidade da mesma.

princípio liberal segundo o qual o contratante deveria se reconhecer no contrato que o rege. Alarmada com o custo do envio de mais tropas para o Brasil quando a economia portuguesa se reorganizava, essa ala também acreditava que, independente, o Brasil enfrentaria um levante — senão uma revolução — negro e escravo, acarretando uma desagregação racial. Já o grupo de D. João VI, temendo uma guerra civil sob D. Miguel, queria a manutenção de algum elo institucional entre Brasil e Portugal através de D. Pedro, prevendo uma possível recomposição do império sob seu governo.

A soberania em D. Pedro

A partir de junho de 1822, e primeiramente no Recife, as câmaras brasileiras começaram a explicitar a seguinte postura: manter-se-iam ligadas às Cortes, se isso não significasse romper com ou desobedecer D. Pedro, e reivindicavam uma constituição própria. As elites recorriam à Câmara — uma maneira cristalizada de reconhecer e entender o poder local —, evitando o surgimento de outra instituição ou modo de representação que dilatasse, numa sociedade escravista, o sentido de legitimidade e, em última instância, o da liberdade. Não se poderia pleitear ou formular a ampla liberdade individual numa sociedade atravessada pelo mando senhorial, embora negros, escravos e pobres livres apresentassem, por vezes, representações, expressando seus anseios e reivindicações. Maciçamente, as câmaras calaram-se ou ignoraram tais documentos.

As câmaras desempenharam uma função-chave. Firmaram um contrato social com D. Pedro, fundando um novo tempo da sociedade, um novo governo pautado pelo liberalismo constitucional tão comentado na imprensa; reiteravam sua força política na localidade e asseguravam a participação política das elites locais, na medida em que exigiam uma Assembléia Constituinte e uma Constituição que atendessem aos interesses brasileiros. Somente nessas condições, investiam D. Pedro de sua soberania política. Reiteradamente, as câmaras narravam a fundação da sociedade nos seguintes termos:

> Quando os primeiros homens se uniram em Sociedade Civil, não foi senão para poderem gozar pacíficos da tranqüilidade e sossego, que não encontravam nos bosques; por esta razão elegeram desde logo um dentre si, que os governasse, e defendesse, em cujas mãos depositaram uma partí-

> cula de sua liberdade natural para que outra lhes ficasse salva, e a coberto ou da malignidade, ou da força dos mais destemidos, e poderosos. Isto era necessário: despiram-se de alguns direitos para poderem conservar outros.

D. Pedro, por sua vez, comprometia-se com a Constituição e a convocação de uma Assembléia no "Manifesto do Príncipe Regente aos Povos do Brasil", em agosto de 1822:

> Dar-vos-ão um código de leis adequadas à natureza das vossas circunstâncias locais, da vossa povoação, interesses e relações, cuja execução será confiada a juízes íntegros, que vos administrem justiça gratuita, e façam desaparecer todas as trapaças do vosso povo, fundadas em antigas leis obscuras, ineptas, complicadas e contraditórias.

As câmaras se referiam à *adesão* a D. Pedro. Expressavam-na ao mandarem à Corte uma correspondência jurando fidelidade ou uma lista de assinaturas sacramentando aquele voto, contratando um agente na corte ou enviando alguém com essa missão. Remetiam ainda uma descrição da aclamação de D. Pedro como autoridade suprema no Brasil. No Rio de Janeiro, os jornais publicavam tais representações e o governo se encarregava de noticiar o avanço das adesões para outras vilas.

O termo *adesão* enfatizava o elo contratual que atava localidade e príncipe, implicando a aclamação de D. Pedro, com um ato público, na praça da vila, em frente à Câmara, com o desfraldamento do estandarte da Câmara, vivas e salvas de tiros, canhões, missas, *Te Deum,* presença da tropa, luminárias à noite e bandas de música. Esse ato público não era meramente casual ou festivo; antes entremeava-se à formulação contratual da figura de D. Pedro. Nesse sentido, cada vila que exaltava D. Pedro na aclamação vivia um acontecimento que aderia à figura do soberano e, ao mesmo tempo, presentificava a Independência do Brasil. Nem todo ato público poderia inaugurar o novo tempo social e fundar o novo governo: não se permitia que um brado negro, um motim popular, um tropel de tropas e desertores fossem assim considerados. A adesão nascia na localidade, sobretudo no Centro-Sul do Brasil, mas também foi arrancada em várias vilas do Pará, Pernambuco, Bahia, Maranhão, à força ou com uma ação conciliatória por agentes mandados pelo Rio de Janeiro.

No ato de adesão e aclamação de D. Pedro incentivava-se o amor à pátria, à terra onde se nasce e vive. Elogiava-se o "entusiasmo patriótico" que "eleva o homem à dignidade de bom Cidadão e lhe ensina a antepor ao seu bem particular o bem público, sacrificando sua vida e sua fazenda em benefício da pátria". Uma economia afetiva ligava o *rei-cidadão* ao *súdito-cidadão*; nela exaltava-se o amor, gratidão, obediência, fidelidade e justiça, considerados as "virtudes únicas e capazes de constituir um estável fundamento para qualquer império"; insistia-se que os súditos se reuniam no coração do monarca. Assim a relação entre governante-governado seria sincera, sem recusa, protestos ou malícia, acima da razão. Nesse diapasão, proliferavam proclamações patrióticas, que identificavam D. Pedro e as tropas, conclamando: *Às armas pois, amados Concidadãos...* Afirmava-se também que o corpo do monarca congregava a ordem social, a felicidade pública e o Brasil, ao pautar-se pela lei. O bispo do Pará pregava à amotinada vila de Cametá:

> Como pode viver o imperador, se lhe falta a vida da lei, quando se faz o contrário do que ele manda? A influência das leis no corpo político é o mesmo que a circulação do sangue no corpo humano; ora assim como suspensa a circulação do sangue, padece o corpo, do mesmo modo não pode subsistir a sociedade, sem se observarem as leis do sumo imperante...

1. Partida da Família Real para o Brasil. Muito se reclamou que o súdito português ficou órfão do seu rei. No beija-mão, o súdito expressa sua fidelidade e obediência.

2. Aclamação de D. João VI no Brasil em 1818. A varanda era o local de sagração na tradição portuguesa. (Desenho de Debret)

3. Os portugueses saúdam a Constituição, aqui acompanhada da Fama e de "todo o povo", lembrando a figura da liberdade.

4. D. João VI volta para Lisboa, sem o pálio e os adornos cristãos que cercavam uma entrada real e selavam o contrato entre soberano e súditos.

5. Cortejos militares e entradas reais eram formas frequentes de saudar e celebrar a autoridade real de D. Pedro I, estabelecendo um vínculo estreito entre o imperador e o súdito.

6. Em seus trajes reais D. João VI e D. Pedro I significavam modos diferentes de pensar o Brasil, de defini-lo politicamente.

A tropa respaldava a mudança social ao coagir ou obter a adesão do *outro* — fosse localidade, pessoa ou grupo —, prática bastante comum no processo de autonomização do Brasil. A sedição militar não se deu à toa, tendo antes concorrido para difundir a Independência pelo Brasil, ocupado a cena pública e incentivado o amor à pátria.

As tropas prefiguraram uma noção de *povo em armas* que adensava o grito de Independência, marchava sob ordens e tinha em D. Pedro o comandante-em-chefe. Observe-se que, em cada localidade, D. Pedro estabelecia um elo com a população local que integrava a tropa. O comandante mediava tal relação, ao reforçar, com sua autoridade local, a figura de D. Pedro, e este, por sua vez, reiterava o mando daquele senhor. Essa relação tropa-comandante-D. Pedro integrava o Brasil em um território que simbolicamente se reunia sob essa hierarquia e uniformes. Em contrapartida, esse corpo militar parecia coeso frente a Portugal e fazia-lhe oposição, constituindo um lado violento e subestimado do processo de autonomização do Brasil.

"Pequenas independências" ocorreram em todas as partes do Brasil, desvinculando a localidade das Cortes e estabelecendo o governo de D. Pedro. Surgiram nas vilas diversas soberanias, as quais foram se plasmando ao corpo do imperador diante da necessidade de fundar um novo corpo político com uma única autoridade, capaz de significar o Brasil e aludir a um Estado centralizado. Nesse sentido, a preferência pela monarquia constitucional barrava as tendências autonomistas e federalistas dentro da grande unidade territorial nascida do domínio português. Assim, D. Pedro aparecia como solução política.

Vários motivos concorreram para a opção por D. Pedro, sem desdenhar os projetos federalistas e republicanos então em voga. Basicamente, optou-se pela monarquia constitucional e, por direito dinástico, D. Pedro era o candidato natural ao trono, mantendo a mesma família real, cujos laços de fidelidade e amizade com os emigrados portugueses e as elites mercantis do centro-sul já haviam se desenhado. Pesava a habilidade do príncipe em ocupar a praça pública, falar em nome do seu pai e negociar com a movimentação de tropas que forçara D. João VI a jurar as Cortes em fevereiro de 1821. Ali, pela primeira vez, D. Pedro demonstrou sua capacidade de negociação, sem causar ressentimentos. Concordou com a violenta repressão da reunião de eleitores na Praça do Comércio no Rio de Janeiro no Sábado de Aleluia de 1821, quando as camadas mais populares do Rio quiseram participar e apresentar suas propostas. Dada a violência, apareceu uma tabuleta na Praça com a inscrição *Açougue dos Bragança*.

Seria equivocado menosprezar a presença de outras lideranças políticas — como frei Caneca, o padre Diogo Antônio Feijó, Cipriano Barata —, que estabeleciam contato com as manifestações de rua e festas, expressavam suas idéias com um vocabulário político novo e portavam símbolos de um novo tempo coletivo: Caneca e seus hinos e sermões patrióticos ou Cipriano com seu ramo de café e seu chapéu de palha. Entretanto, D. Pedro significava a possibilidade de representar todo o território e vinha, pela tradição e por direito, perpassado por uma liturgia do poder real.

Havia uma noção tradicional e generalizada de que o rei governava como um pai, com rigor e bondade, sempre atento à felicidade e virtude de seu povo. Nessa perspectiva, Deus lhe legara esta tarefa — à qual não poderia renunciar, sob pena de trair a vontade divina e levar à dissolução da sociedade. O rei corporificava a cabeça da sociedade, contudo não poderia se desvencilhar, negar ou ignorar seus membros, seu corpo enfim. Juntos, formavam uma sociedade harmônica. O rei vinha mediado pelo mando paternal, abençoado por Deus, respeitado pelo súdito. Ele concentrava a justiça, a fazenda e o comando militar, entrecruzando estas funções em si mesmo e enredando uma burocracia que as formalizava e movimentava. Persistia ainda uma noção de que o súdito poderia apresentar uma representação (com qualquer tipo de reclamação, solicitação ou queixa) ao rei, e de que o soberano, em pessoa e em última instância, o ouviria; como fizeram o Senado da Câmara do Rio de Janeiro e muitas câmaras do Brasil afora. A representação era um meio avalizado, reconhecido, para expressar o protesto.

Se, por um lado, sedimentava-se o contrato baseado no liberalismo constitucional, por outro, as festas reais ocupavam as praças públicas, teatralizando a origem da nova ordem política e a fundação do Brasil independente.

Entre junho e setembro de 1822, D. Pedro foi saudado com a festa de entrada em Vila Rica, Mariana, Sabará, Queluz e São João del Rei, entre outras vilas mineiras, e em São Paulo. Nessa ocasião, toda a vila — o povo, a Câmara, os padres, a tropa e a milícia — era arregimentada num cortejo para a recepção, sob o pálio, de D. Pedro. O cortejo dispunha a população de modo que todos se viam, mas o centro organizador da hierarquia residia na figura do príncipe. Davam-se vivas à Constituição, à Santa Religião, ao Rei Constitucional, aos Bragança, ao Brasil, a D. Pedro, ao Povo do Brasil. A entrada encenava publicamente um contrato entre o soberano e o súdito em que se reconheciam o mando e a autoridade real, jurava-se obediência e selava-se um pacto político.

Somente depois de ser assim recepcionado em Minas e São Paulo; de ouvir a imprensa e as representações pedindo sua permanência, a Constituição e a Assembléia Constituinte; de saber de parte das adesões das câmaras e das discordâncias nas Cortes entre os interesses brasileiros e portugueses — somente após tudo isso D. Pedro proclamou a divisa do Brasil: *Independência ou Morte*. Naquele momento, contava mais o mote que a data do 7 de setembro. Multiplicaram-se, então, hinos que evocavam essa divisa, aludiam ao amor à pátria e ao sentimento cívico, ligavam D. Pedro ao Brasil e exaltavam a Constituição:

Ouvi, oh Povos
Que vamos livres erguer;
O Brasil sacode o jugo
Independência ou Morrer
Congresso opressor jurara
Nossos foros abater
Em seu despeito juramos
Independência ou Morrer

Um Povo que quer ser livre,
Livre por força há de ser;
É esta a lei das Nações;
Independência ou Morrer
Temos Herói, que trabalha
Em nosso jus defender:
Longe fuja o servilismo
Independência ou Morrer.

Vale dizer que, naquele momento, não se reconhecia com precisão a data oficial da Independência do Brasil. Nas Cortes, o deputado baiano Lino Coutinho perguntava se a representação vinda do Recôncavo Baiano que destituía seu mandato e declarava que não reconhecia a autoridade legítima das Cortes não seria tal marco; outros a situavam na convocação da Assembléia Constituinte no Brasil em julho de 1822. O próprio D. Pedro só em 1823 referiu-se ao 7 de setembro. Pesava mais o grito, o gesto fundador e seu lema, pois o problema residia na legítima autodeterminação de um povo que estabelece o seu governo e proclama a Independência sob o risco de uma morte patriótica que se sacrifica pelo bem público.

As festas de entrada prolongaram-se depois da proclamação da divisa *Independência ou Morte.* José Bonifácio, então, assinou os decretos que criaram os símbolos do país independente: a bandeira, o laço verde-amarelo, a flor verde dentro do ângulo de ouro a ser usado no braço esquerdo com a divisa inscrita, os uniformes militares.

Rapidamente, o Estado centrado no Rio de Janeiro providenciou e despachou o retrato de D. Pedro para várias vilas do Brasil. O retrato seria recebido com uma festa nos moldes da entrada, pois personificava sua pessoa na localidade, sendo um *dispositivo* da autoridade de D. Pedro, não perdendo sua grandeza ou debilitando sua força: antes o levava aonde não poderia estar. Em seguida ou junto com o retrato, dependendo da data em que chegasse à vila, realizava-se a aclamação, com *Te Deum*, cortejo, beija-mão, arcos do triunfo, luminárias, bandas de músicas, salvas de canhão, vivas, odes, poesias, lenços tremulando, chapéus ao ar, comes e bebes.

Realizavam-se tais festas porque o corpo do soberano portava um duplo caráter: um natural, sujeito ao sofrimento, às paixões e à morte; outro imortal e simbólico, que congregava em si a capacidade de representar a coletividade. Portanto, as festas remetiam ao contrato social e encenavam uma comunhão simbólica entre o súdito e o imperador. Era muito importante espalhar a festa pelo país, pois ajudava a circunscrever o território do soberano, fundando um Estado monárquico. Assim, o corpo do imperador consubstanciava-se no território brasileiro.

A aclamação no Rio de Janeiro, com a presença efetiva de D. Pedro, ocorreu em 12 de outubro de 1822, depois que o Senado da Câmara do Rio tomou para si a tarefa de congregar as adesões e investir D. Pedro da condição de *rei constitucional*. Conciliava-se aí a data do aniversário do imperador com o descobrimento da América, reforçando seus vínculos. A América aparecia em arcos do triunfo, jurando fidelidade ao imperador, agradecendo a Constituição e celebrando sua Indepen-dência. Rapidamente associou-se a figura feminina da América ao imperador que a retira da submissão política, de um estágio infantil e lhe garante, com a Constituição, a autonomia política. Na aclamação em Belém, a dócil figura da América, ao lado dos rios Amazonas e do Prata, dizia:

> Submissa o acolhi contente o Guardo
> A Pedro o melhor Bem deste Hemisfério
> Tem no seu Coração Trono a Virtude
> E no meu Seio o Florente Império.

Prolongada por dias e mais dias no Rio, São Paulo, Minas e cobrada das vilas que se opunham à Independência (no Pará, na Bahia e em Pernambuco), a aclamação consistia num ato público que moldava o pacto político entre a localidade e o soberano e, ao mesmo tempo, estabelecia o Brasil independente. O contrato celebrado tinha um duplo sentido: era corporativo, ao relacionar o soberano com as tropas, a Câmara, a vila, os corpos políticos, mas extremamente pessoal, pois súdito e imperador comprometiam-se reciprocamente com beija-mão e uma jura de fidelidade, respeito, obediência, moderação, justiça. Por meio das festas, parecia que todos concordavam "unanimemente" com aquela autoridade.

O processo de autonomização não ocorreu da mesma maneira em todas as partes do Brasil. As *províncias coligadas* primeiro selaram o acordo em torno dessa soberania monárquica, desde que constitucional; mas este processo envolveu batalhas internas e uma luta armada contra as tropas portuguesas aqui instaladas. Em Pernambuco, na Bahia e no Pará, houve batalhas sangrentas contra as facções contrárias à autonomização do Brasil. As vilas derrotadas, os senhores coagidos e a gente amotinada reprimida tiveram que jurar a adesão e festejar a aclamação. Note-se que as festas e os juramentos, cheios de vivas e atravessados por um vocabulário de cunho liberal, concorriam para aplacar as diversas reivindicações populares, negras e escravas e punham um limite e um fim à noção de liberdade, estabelecendo um modo correto, mais condizente com as elites, com a perpetuação da ordem senhorial, de comemorar e fundar o pacto político e a vida social.

A aclamação ocorreu pelo Brasil afora, referendando a relação entre a localidade e o imperador por meio da Constituição. Mesmo realizada em datas diferentes, criava uma simultaneidade festiva que unia o território do Brasil, sua gente, e enaltecia um sentimento de amor ao soberano que era refundido com o civismo e o amor à pátria. Assim, exaltava a relação do brasileiro com o Brasil, tentando apagar ou minimizar o vínculo do pernambucano, do paulista, do mineiro, do baiano, com sua localidade. Num discurso inflamado, apelava-se ao espírito de união dos brasileiros, superando a identidade local de cada província:

> Não se ouça, pois, entre vós outro grito que não seja união. Do Amazonas ao Prata não retumbe outro eco, que não seja — Independência. Formem todas as nossas províncias o feixe misterioso que nenhuma força pode quebrar. Desapareçam de uma vez antigas preocupações, substituindo o amor do bem geral ao de qualquer província ou de qualquer cidade.

A figura de D. Pedro era crucial nessa tentativa de ampliar a abrangência desse sentimento, pois, à medida que sua aclamação cobria todo o território brasileiro — o qual, por direito dinástico, ele herdava —, o imperador representava toda a pátria.

A coroação de D. Pedro I aconteceu em 1º de dezembro de 1822, no Rio de Janeiro, depois das várias aclamações, das adesões das Câmaras, do início da guerra de Independência. Ela recuperava astutamente essa data, pois os portugueses comemoram nesse dia o fim do jugo espanhol. Era uma maneira de o Brasil explicitar a Portugal que não voltaria a ser colônia, a se submeter a seu mando, da mesma forma como Portugal se tornara independente da Espanha.

A introdução da coroação diferenciava a monarquia brasileira da lusa, sendo um rito completamente novo para a dinastia bragantina. Esse rito transcende o reconhecimento dos homens, dado que o soberano recebe, na igreja, uma tarefa prescrita por Deus, assim como um bispo. Tal gesto reforça a união mística entre o povo e o soberano, justamente porque estava inscrito, desde sempre, nos planos divinos — como comentou frei Sampaio no sermão da coroação na capela real. Não se pode deixar de aventar a hipótese de que um monarca coroado tivesse maior apelo junto às camadas negras, africanas, libertas, que reverenciavam a festa e o império do Divino Espírito Santo e os reis de congo — facilitando assim a sua recepção.

Em meio a tantas celebrações, a coroação condizia com a criação oficial do império do Brasil. O termo *império* aludia à vasta dimensão do seu território; rememorava os grandes impérios de Roma a Napoleão; repunha o projeto da burocracia ilustrada de fins do século XVIII; entronizava de modo inédito a figura do imperador. Pois se a aclamação se passava na praça pública, com a Câmara, a tropa, a gente da rua, a coroação adentrava a igreja — ritualizando ainda mais esta autoridade, reforçando a impressão de que se cumpria a vontade de Deus e sacralizando o poder monárquico, a pessoa do imperador e o próprio Brasil.

Cronologia

1789 Revolução Francesa

1806 Decretação do Bloqueio Continental por Napoleão Bonaparte

1807-08 Transferência da Corte de Portugal para o Brasil

1808 Abertura dos Portos

1814 Derrota de Napoleão

1815 Elevação do Brasil a Reino Unido a Portugal e Algarves

1817 Revolução Pernambucana

1818 Aclamação de D. João VI no Rio de Janeiro

1820 Revolução liberal no Porto

1821 Início da reunião das Cortes Portuguesas; regresso de D. João VI para Portugal; início da regência de D. Pedro.

1822

jan Dia do Fico

fev Convocação do Conselho de Estado
jun Convocação da Assembléia Constituinte para o Reino do Brasil
ago Manifesto aos Povos do Brasil; Manifesto às Nações Amigas
set Declaração da Independência
out Início da Guerra da Independência; aclamação de D. Pedro I no Rio de Janeiro
dez Coroação de D. Pedro I no Rio de Janeiro

1823
mai Instalação da Assembléia Constituinte
nov Dissolução da Assembléia Constituinte

1824 Outorga da Constituição do Império do Brasil; Confederação do Equador

1825 Reconhecimento da Independência do Brasil por parte de Portugal

Referências e fontes

p.17: A obra do Abade Raynal mencionada não está traduzida na íntegra. Deste autor, em português, há *O estabelecimento dos portugueses no Brasil*, Rio de Janeiro/Brasília, Arquivo Nacional/Ed. UnB, 1998; e *A Revolução na América*, Rio de Janeiro, Arquivo Nacional, 1993.

p.35: Citação do governador Madeira de Mello retirada do Arquivo Histórico Ultramarino, Lisboa. Documento relativo à Bahia, Caixa 257, Doc.3, 2.4.1822.

p.40: *Ave Maria Constitucional* citada por Lúcia Maria Bastos no artigo "Uma nova cultura política: os folhetos no debate da independência do Brasil", in Bastos, L.M. e Morel, M. (orgs.), *História e imprensa*, Rio de Janeiro, UERJ, 1998.

p.47: Citação do deputado Mourão retirada do *Correio do Rio de Janeiro*, 3.10.1822.

p.50: Declaração da Vila de Baependi constante de *As juntas governativas e a independência*, Rio de Janeiro, Arquivo Nacional/Conselho Federal de Cultura, v.2, 1973, p.9.

p.52: Citação da primeira linha ("eleva o homem...") retirada de *As câmaras municipais e a independência*, Rio de Janeiro, Arquivo Nacional, 1973, v.1, p.151.

p.52: O bispo do Pará é citado em Raiol, D.A., *Motins políticos ou história dos acontecimentos da província do Pará desde o ano de 1821 até 1835*, Belém, Universidade Federal do Pará, v.1, 1970, p.59.

p.57: Hino "Independência ou Morrer". Rio de Janeiro, Tipografia do Diário, 1822.

p.60: Citação retirada de *As câmaras municipais e a independência*, v.1, op.cit., p.14.

p.62: A citação é parte do "Manifesto do Príncipe Regente aos povos do Brasil", em Mello Moraes, *História do Brasil-reino e do Brasil-império*, Belo Horizonte/São Paulo, Itatiaia/Edusp, t.2, 1982, p.414.

p.63: O sermão de Frei Sampaio mencionado no último parágrafo encontra-se em Schubert, G., *A coroação de D. Pedro I*, Rio de Janeiro, Arquivo Nacional, 1973.

Sugestões de leitura

• As idéias desenvolvidas aqui foram apresentadas em meu livro *Pátria coroada. O Brasil como corpo político autônomo. 1780-1831.* (São Paulo, Unesp, 1999). Detalho, a seguir, outras sugestões.

• Para a situação portuguesa de modo geral é bom conhecer *História de Portugal. O Antigo Regime (1620-1807)*, organizado por Antonio Manuel Hespanha (Lisboa, Estampa, 1993). Quanto ao projeto do "vasto e poderoso império", é fundamental ler *A utopia do poderoso Império*, de Maria de Lourdes Vianna Lyra (Rio de Janeiro, Sette Letras, 1994).

• Para uma história econômica do Rio de Janeiro nessa época: João Luís Ribeiro Fragoso, *Homens de grossa aventura: acumulação e hierarquia na praça mercantil do Rio de Janeiro, 1790-1830* (Rio de Janeiro: Arquivo Nacional, 1992) e Manolo Florentino, *Em costas negras: um estudo sobre o tráfico atlântico de escravos para o posto do Rio de Janeiro, c.1790-c.1830* (Rio de Janeiro, Arquivo Nacional, 1995).

• Em contraponto para uma atuação política do grupo de Clemente Pereira e Gonçalves Ledo, vale conhecer Cecília Helena L. de Salles Oliveira, *A astúcia liberal. Relações de mercado e projetos políticos no Rio de Janeiro – 1820-1824* (Bragança Paulista, Edusf/Ícone, 1999).

• Uma referência importante para o fim do sistema colonial é o trabalho de Fernando Novais, *Brasil e Portugal na crise do antigo sistema colonial – 1777-1808*, (São Paulo, Hucitec, 1979). Já um balanço sobre a independência foi realizado em *1822: Dimensões*, organizado por Carlos Guilherme Motta (São Paulo, Perspectiva, 1972).

Sobre a autora

Iara Lis Carvalho Souza é historiadora, com mestrado em multimeios e doutorado em história social, ambos pela Unicamp. Pesquisou em Portugal com o apoio da Capes. Na Unesp, entre 1988 e 1999, ministrou aulas de história moderna e história social da cultura. Atualmente é professora plena dos programas de Pós-graduação em História e em Artes Visuais da Unicamp.

Coleção Descobrindo o Brasil

direção: Celso Castro

A modernização da imprensa (1970-2000)
Alzira Alves de Abreu

O Brasil no império português
Janaina Amado e Luiz Figueiredo

Os intelectuais da educação
Helena Bomeny

A era do rádio
Lia Calabre

A invenção do Exército brasileiro
A proclamação da República
Celso Castro

O Estado Novo
Maria Celina D'Araujo

A belle époque amazônica
Ana Maria Daou

O livro e a leitura no Brasil
Alessandra El Far

O pensamento nacionalista autoritário
Boris Fausto

Os índios antes do Brasil
Carlos Fausto

Os brasileiros e a Segunda Guerra Mundial
Francisco César Ferraz

Rebeliões no Brasil Colônia
Luciano Figueiredo

Palmares, ontem e hoje
Pedro P. Funari e Aline V. Carvalho

A arte rupestre no Brasil
Sambaqui: arqueologia do litoral brasileiro
Madu Gaspar

As formas do espaço brasileiro
Pedro Geiger

Cidadania e direitos do trabalho
Angela de Castro Gomes

Negros e política (1888-1937)
Flávio Gomes

Código Civil e cidadania
Keila Grinberg

Como falam os brasileiros
Yonne Leite e Dinah Callou

Uma viagem com Debret
Valéria Lima

O nascimento da imprensa brasileira
Isabel Lustosa

Escravidão e cidadania no Brasil monárquico
Hebe Maria Mattos

Os evangélicos
Clara Mafra

O sindicalismo brasileiro após 1930
Marcelo Badaró Mattos

O período das Regências (1831-1840)
Marco Morel

Da Bossa Nova à Tropicália
Santuza Cambraia Naves

Arqueologia da Amazônia
Eduardo Góes Neves

História do voto no Brasil
Jairo Nicolau

O Brasil dos imigrantes
Lucia Lippi Oliveira

Política externa brasileira
Leticia Pinheiro

Ditadura militar, esquerdas e sociedade
Daniel Aarão Reis

A Independência do Brasil
Iara Lis C. Souza

Partidos políticos no Brasil (1945-2000)
Rogerio Schmitt

O Império em procissão
Lilia Moritz Schwarcz

Modernismo e música brasileira
Elizabeth Travassos Lins

A fotografia no Império
Pedro Karp Vasquez

Brasil de todos os santos
Ronaldo Vainfas e Juliana Souza